예의 없는 친구들을 대하는 슬기로운 말하기 사전 2

김원아 글 | 김소희 그림

사계절

# 차례

## 슬기롭게 말하기

### 물건에 관하여

1. 내 물건을 무시할 때  10
2. 생일 선물로 비싼 걸 사 달라고 할 때  12
3. 자꾸 선물을 받는 게 부담스러울 때  14
4. 똑같은 물건을 샀다고 눈치 줄 때  16

### 친해지기

5. 침묵이 어색할 때  18
6. 실수해서 민망할 때  20
7. 모둠 활동을 더 잘하라고 할 때  22
8. 내 말을 대충 들을 때  24
9. 내 생일을 잊어서 서운할 때  26
10. 궁금한 걸 물어보기 어려울 때  28
11. 먼저 놀자고 하지 않아서 서운할 때  30
12. 친구가 울 때  32

### 사과하기

13. 친구가 나랑 놀다가 다쳤을 때  34
14. 사과를 할까 말까 고민이 될 때  36
15. 사과하라고 요구할 때  38
16. 사과를 받고 싶을 때  40
17. 사소한 일로 친구가 울어서 난처할 때  42

## 거절하기

18. 책을 보고 있는데 옆에서 같이 봐서 불편할 때   44
19. 할 일이 있는데 화장실에 같이 가자고 할 때   46
20. 줄 서서 이동하는데 자리를 바꿔 달라고 할 때   48
21. 내 마음과 달리 친구가 원하는 대로 행동하게 될 때   50
22. 웃으면서 때리는데 너무 아플 때   52
23. 대화가 지루할 때   54
24. 자기랑만 놀아야 한다고 고집부릴 때   56
25. 가야 하는데 더 놀자고 조를 때   58
26. 지기만 하는 놀이를 그만하고 싶을 때   60
27. 이성 친구와 헤어지고 싶을 때   62

## 약속하기

28. 친구가 약속 시각에 자꾸 늦을 때   64
29. 생일 초대가 망설여질 때   66
30. 친구가 상의도 없이 다른 친구를 데리고 왔을 때   68
31. 친구가 놀자고 하는데 다른 약속이 있을 때   70

## 소셜 미디어

32. 메시지를 읽고도 답이 없을 때   72
33. 친구가 내 휴대폰을 보기에 나도 봤더니 화를 낼 때   74
34. 내 사진을 허락받지 않고 소셜 미디어에 올릴 때   76
35. 내 사진을 몰래 찍고 장난칠 때   78
36. 일방적으로 기분 나쁜 메시지를 보낼 때   80

## 갈등 해결

37. 교실 문으로 장난치며 못 들어가게 막을 때 82
38. 청소 시간에 쓰레기를 자꾸 내 자리로 보낼 때 84
39. 나보고 고자질쟁이라고 할 때 86
40. 싸움에 휘말렸을 때 88
41. 친구가 위험하게 행동해서 불안할 때 90
42. 잘난 척하며 무시할 때 92
43. 비아냥거릴 때 94
44. 나를 질투할 때 96
45. 착한 척한다고 할 때 98
46. 친구의 말투가 불편할 때 100
47. 내 그림을 따라 그릴 때 102
48. 틀린 걸 맞다고 우기며 참견할 때 104
49. 내 행동을 나쁘게 보고 잔소리할 때 106
50. 새로 짝이 됐는데 싫은 티를 너무 낼 때 108
51. 유독 나한테만 불친절할 때 110
52. 말도 없이 기분 나쁘게 쳐다볼 때 112

## 학교 폭력

53. 부모님을 나쁘게 얘기할 때 114
54. 여러 명이 나를 둘러싸고 화를 낼 때 116
55. 내가 하지도 않은 일을 했다고 모함할 때 118
56. 자꾸 심부름을 시킬 때 120
57. 괴롭히고 나서 말하지 말라고 협박할 때 122

## 친구 관계 고민 상담 Q&A

**1.** 친구들이 뭐라 하면 아무 대꾸도 못 하는 내가 싫어요. **126**

**2.** 아무도 강요하지 않는데 자꾸 친구들이 원하는 대로 끌려다녀요. **127**

**3.** 사과를 받았고 모든 일이 끝났는데도 원망하는 마음이 들어요. **128**

**4.** 나는 나쁜 뜻이 전혀 없었는데 친구가 화를 내면 어떻게 해야 할지 모르겠어요. **129**

**5.** 우리는 분명히 친한 사이인데 왜 자꾸 싸우는 거죠? **130**

**6.** 내가 좋아하는 친구가 나를 안 좋아해요. 친해지는 방법이 있을까요? **131**

**7.** 막상 말을 해야 할 상황에 당황해서 적절한 말이 생각나지 않아요. 나중에 "이렇게 말할걸!" 후회해요. **132**

**8.** 나는 목소리도 작고 말투도 여린 편이라서 제대로 말하기가 어려워요. **133**

**9.** 사과를 했는데 친구가 안 받아 주면 괜히 했다 싶어요. **134**

**10.** 나는 예의 있게 말하는데 친구가 무례하게 말하면 손해 보는 것 같아요. **135**

**11.** 기분이 나쁘면 나도 모르게 짜증이 툭툭 나와 버려요. **136**

**12.** 친구가 아무리 정중하게 거절해도, 거절당하면 기분 나빠요. **137**

**13.** 사소한 장난도 학교 폭력이 될 수 있나요? **138**

**14.** 무례한 친구가 말 한마디로 정말 바뀌어요? **139**

**15.** 책에 나온 표현이 어색해서 오히려 놀림을 받을 것 같아요. 실제로 사용 가능해요? **140**

**16.** 책에 나온 말이 너무 다양해서 기억하기 어려워요. **141**

물건에 관하여

# 1. 내 물건을 무시할 때

### 물건 때문에 주눅 들지 마

사람들의 취향은 모두 달라. 물건을 선택하는 기준도 다르지.
네가 선택한 물건에 자부심을 가져.
그리고 언제나 있는 그대로 당당해지자.
물건이 사람의 가치를 결정하지는 않아.
비싼 물건을 사용한다고 멋있어지는 건 아니거든.

 상처받지 말고 대수롭지 않게 넘기기

## 2. 생일 선물로 비싼 걸 사 달라고 할 때

## 무리한 요구는 거절해도 돼

친구에게 비싼 선물을 요구하면 안 돼.
무리해서 사 줄 필요도 없고.
중요한 건 서로를 생각하는 마음이야.
만약 선물을 줘야 유지되는 사이라면
그 관계는 다시 생각해 보는 게 좋겠어.

축하하는 마음을 담아 다른 선물 준비하기

## 3. 자꾸 선물을 받는 게 부담스러울 때

## 친구가 좋아하는 마음을 선물로 표현하는 거야

선물은 마음을 표현하는 하나의 방법이야.
그 친구가 너를 좋아하니까 선물을 주는 거야.
그런데 선물 때문에 오히려 호의가 부담스러워지면 안 되지.
솔직하게 말하고 편안하게 우정을 쌓아 보자.

 내가 할 수 있는 작은 선물 정도는 하기

## 4. 똑같은 물건을 샀다고 눈치 줄 때

## 물건 살 때 허락을 받아야 하는 건 아니야

물건은 누구나 돈을 내면 살 수 있어.
친구가 먼저 샀다고 허락을 받아야 하는 건 아니지.
취향이 서로 비슷할 수도 있는 거야.
단, 하나부터 열까지 모두 따라 한다면 실례가 될 수는 있어.
누구나 자기만의 개성을 지키고 싶어 하거든.

 나만의 개성 발견하기

친해지기

## 5. 침묵이 어색할 때

둘이서 이야기를 나누다가 대화가 끊겼어.

어색하고 불편해.
무슨 말을 해야 할까?

## 침묵 속에 잠시 머물러도 돼

꼭 쉬지 않고 계속 말을 해야 하는 건 아니야.
대화에는 쉼표와 마침표도 필요해.
그래도 어색함이 불편하다면 네가 먼저 말을 꺼내 봐.
네 경험을 말하거나 질문을 해서 친구에게 말할 기회를 줘 봐.
친구도 어색해하며 기다리고 있을지 몰라.

대화를 잘 이끌어 가려면 공통점 찾기

## 6. 실수해서 민망할 때

## 사람들은 생각보다 다른 사람 일에 크게 관심 없어

오히려 네가 그 상황에 집중하거나 예민하게 굴면 그 일이 더 두드러지게 돼. 실수를 대수롭지 않게 넘기자. 얼른 마음을 추스르고 일어나. 부끄러웠던 상황에서 빠져나와 얼른 다른 일을 해야 친구들의 관심도 사라질 거야.

같이 웃고 빠르게 분위기 바꾸기

## 7. 모둠 활동을 더 잘하라고 할 때

### 친구의 생각이 뭔지 일단 들어 보자

사람마다 실력과 잘했다는 기준이 다르잖아.
그래서 모둠 활동이 어려워.
실력과 생각이 달라서 불편할 수 있지만
차이를 이해하고 존중하는 태도가 필요해.
친구의 말이 좀 서운할 수는 있지만
그래도 모둠 활동은 함께하는 일이니까 의견을 한번 들어 보자.

내가 보기엔 괜찮은데….
네가 원하는 건 어떤 거야?

친구의 요구가 맞다면 받아들이기

## 8. 내 말을 대충 들을 때

## 친구가 잘 듣지 않으면 그만 말하는 게 좋아

친구가 지금 다른 생각을 하고 있을 수 있어.
네가 하는 이야기에 그다지 관심이 없을 수도 있고.
그럴 땐 잠시 대화를 멈추고 쉬어 가는 게 좋아.
그런데 어떤 얘기를 하든 친구가 대충 듣는다면
앞으로는 진지하게 얘기하지 마.

나연아, 내 말 듣고 있어?

혼자 너무 길게 얘기하지 말기

## 9. 내 생일을 잊어서 서운할 때

## 친구가 생일을 잊어버렸으면 알려 주면 되지

네 마음을 말하지 않아도 상대가 알아주는 일은 잘 일어나지 않아.
누군가는 생일을 잘 기억하지만, 그게 어려운 사람도 있어.
사람은 모두 다르다는 걸 인정하자.
먼저 기억해 주길 바라며 고민하지 말고,
축하받고 싶다면 원하는 상황을 스스로 만들어 보자.

서운했던 감정은 빼고 말하기

## 10. 궁금한 걸 물어보기 어려울 때

## 무례한 질문이 아니면 물어봐도 돼

친구에게 호감이 생기면 궁금한 게 있을 수 있지.
자신에게 순수하게 관심 가져 주는 걸 싫어하는 사람은 거의 없어.
적절한 질문은 관심의 표현이잖아.
그래도 혹시 친구가 곤란해하거나 대답을 피하면
지나치게 파고들지는 말고 적당히 물러서자.

 혹여 대답을 꺼려해도 친구의 마음 존중해 주기

## 11. 먼저 놀자고 하지 않아서 서운할 때

## 먼저 다가가는 건 용기가 필요해

그냥 평소에 하던 대로 해.
친구는 오히려 늘 다가오던 네가 안 와서 궁금해할 수도 있어.
지금은 바쁜가 보다, 하며 기다릴 수도 있고.
감정 줄다리기를 하며 시간을 낭비하지 말자.
언제든 먼저 다가가도 돼. 그리고 즐거운 시간을 보내자.

 용기 있고 다정한 내 모습 스스로 칭찬하기

## 꼭 말로 위로하지 않아도 돼

그냥 옆에 있어 주는 것만으로도 충분히 위로가 되거든.
혼자 우는 것보다는 훨씬 덜 외롭잖아.
왜 우는지 물어보지 말고 친구가 먼저 말할 때까지 기다려 주자.
그리고 친구가 이야기를 시작하면 차분히 들어 줘.
굳이 해결책을 마련해 주려 하지 말고
끄덕끄덕 잘 들어 주면 돼.

잠시 내 시간 내려놓고 친구 옆에 머무르기

사과하기

## 13. 친구가 나랑 놀다가 다쳤을 때

같이 축구하다가 친구가 내 발에 걸려 넘어졌어.

앗, 피가 나네.

너무 공만 보고 뛰었나? 일부러 그런 건 아니지만 나 때문에 다친 것 같아 미안하고 걱정돼.

## 간혹 의도치 않게 친구에게 피해를 입힐 수 있어

같이 신나게 놀다 보면 누구나 다칠 수 있지.
언제든, 누구에게나 일어날 수 있는 일이야.
그럴 땐 걱정과 함께 미안한 마음을 전달하는 게 좋아.
그렇다고 지나치게 미안해하고 자책할 필요는 없어.
일부러 그런 건 아니니까.

보건실에 같이 가면서 걱정하는 마음 표현하기

사과하기

## 14. 사과를 할까 말까 고민이 될 때

## 사과는 최대한 빨리 하는 게 좋아

친구도 내심 기다리고 있을지 몰라.
시간이 지날수록 사과하기가 더 어려워지지.
사과는 결코 쉽지 않아. 어색하고 불편해.
그래서 선뜻 하지 못하고 망설이게 돼.
미안하다는 말을 하려면 용기가 필요하거든.
막상 용기 내어 사과하면 훨씬 후련해질 거야.

 작은 실수라도 슬쩍 넘어가지 말고 바로 사과하기

## 15. 사과하라고 요구할 때

## 어떤 점이 불편했는지 물어봐

이유도 모르면서 사과를 할 수는 없잖아.
이유를 알아야 이해하고 진심으로 사과할 수 있어.
네가 실수했다면 빨리 사과하는 게 깔끔해.
너는 작게 느끼는 부분이라도
상대는 크게 느낄 수 있거든.

잘못한 게 없으면 사과하지 말기

## 16. 사과를 받고 싶을 때

친구가 바쁘게 지나가다가 나를 쳤어.

## 불편했던 마음을 조심스럽게 전달해

친구의 잘못을 일일이 지적하며 따지지 말고.
자칫 비난하는 느낌이 들면 기분이 상해 싸움으로 번질 수 있거든.
친구한테 사과를 받고 싶은 거지, 싸우고 싶은 게 아니잖아.
흥분하지 말고 부드럽게 말하면 친구도
무슨 얘기인지 알아들을 거야.

> 햇살아, 방금 너랑 부딪쳐서 옷에 물이 튀었어.

> 앗, 진짜? 몰랐어. 미안해!

> 괜찮아. 사과해 줘서 고마워.

 사소한 일은 쉽게 용서하고 잊어버리기

사과하기

## 17. 사소한 일로 친구가 울어서 난처할 때

별일도 아닌데 친구가 울어서 당황스러워.

## 친구가 운다고 무조건 사과할 필요는 없어

특별히 너 때문에 우는 게 아닐 수도 있어.
눈물이 나오는 데는 다양한 이유가 있는 거니까.
하지만 작은 실수라도 마음에 걸리는 게 있으면
사과하는 게 좋아.
사과는 존중의 표현이기도 해.

 감정이 격앙되었을 때는 시간을 두고 기다리기

거절하기

## 18. 책을 보고 있는데 옆에서 같이 봐서 불편할 때

### 불편함을 살짝 이야기해 봐

혼자서 편하게 읽고 싶었는데 좀 불편해졌구나.
그런데 먼저 다가온 친구를 뿌리치는 건 좀 곤란해.
그냥 너랑 같이 있고 싶어서 옆에 온 걸 수도 있거든.
그래도 다정하다는 느낌이 들지 않고
오히려 방해만 된다면 최대한 친구의 감정이
상하지 않도록 말해 보는 게 좋겠어.

 거절하더라도 친절함 유지하기

## 거절하기

## 19. 할 일이 있는데 화장실에 같이 가자고 할 때

## 친구라고 해서 모든 걸 다 해 줄 수는 없어

아무리 친해도 늘 기대에 맞출 수는 없고
한 몸처럼 언제나 같이 다닐 수도 없는 거야.
상황과 마음이 맞아야 즐거운 마음으로 함께할 수 있지.
어려울 때는 솔직하게 함께할 수 없다고 거절해도 돼.
당장은 기분이 상하더라도 친구가 포기해야 하는 부분이야.
그래도 최대한 서운하지 않도록 이유를 말해 주면 좋겠어.

어떡하지?
지금은 과제를
꼭 마무리해야 하거든.
다음에 같이 가자~.

시간과 상황이 맞을 때는 같이 가기

## 거절하기

### 20. 줄 서서 이동하는데 자리를 바꿔 달라고 할 때

### 선생님 말씀대로 하는 게 좋아

선생님이 규칙을 정한 데에는 이유가 있거든.
다 같이 지키기로 합의한 규칙은 지키는 게 맞아.
괜히 자리를 바꿨다가 들키면 너도 같이 주의를 받게 될 거야.
친구가 먼저 부탁했더라도 자리를 바꿨으면
네게도 조금은 책임이 있는 거지.
그러니까 상황을 복잡하게 만들지 말고
곤란한 부탁은 일찌감치 거절하자.

 단체로 움직일 때는 질서 있게 이동하기

## 거절하기

## 21. 내 마음과 달리 친구가 원하는 대로 행동하게 될 때

## 있는 그대로의 모습을 보여 주자

당장은 네가 맞춰 주니까 친구도 좋을 거야.
하지만 네 마음에 불만이 쌓일 테고,
어느새 너도 모르게 불편한 마음이 튀어나올 거야.
꼭 모든 의견이 같아야 좋은 친구인 건 아니야.
서로 다른 생각을 존중해야 더 오래 함께할 수 있어.

눈치 보지 말고 내 마음 표현하기

## 22. 웃으면서 때리는데 너무 아플 때

## 아프면 아프다고 말해야지

친구는 네가 아픈지 모를 수도 있어.
그냥 둘 다 즐겁다고 생각하고 있는지도 몰라.
얘기해 주지 않으면 앞으로도 같은 실수를 반복할 거야.
그러니 친구를 위해서라도 알려 주는 게 좋겠어.

불편한 스킨십 거절하기

거절하기

## 23. 대화가 지루할 때

## 대충 듣는 것보다는 안 듣는 게 나아

불편한 감정을 숨기며 듣는다고
친구와 잘 지낼 수 있을까?
억지로 듣는 건 친구도 원하지 않을 거야.
자연스럽게 화제를 돌리는 게 좋겠어.
즐겁게 말하고 즐겁게 들을 수 있어야
서로 대화에 집중하며 진심으로 소통할 수 있어.

현수야, 미안한데 저번에 이미 들은 이야기라 집중이 잘 안 되네….

우리 다른 이야기할까?

가능하면
잘 들어 주기

## 24. 자기랑만 놀아야 한다고 고집부릴 때

## 난처한 요구는 부드럽게 거절하자

친구가 원한다고 네가 꼭 그렇게 해야 하는 건 아니야.
당장 거절하기 어렵다고 무리한 부탁을 들어주면
다른 요구도 늘어나서 점점 더 부담스러워질 거야.
어려운 요구라고 솔직하게 말하자.
거절해서 사이가 멀어진대도 어쩔 수 없어.

제안은 거절하더라도 좋아하는 마음은 표현해 주기

거절하기

## 25. 가야 하는데 더 놀자고 조를 때

## 거절은 네가 할 수 있는 말 중 하나야

네 사정을 솔직히 말하고 양해를 구하자.
친구도 이해가 되면 크게 상처받지 않을 거야.
거절할 때 마냥 미안해할 필요는 없어.
모든 요구를 다 받아 줄 수는 없는 거니까.
거절하는 게 쉬운 일은 아니야. 연습이 필요해.

 바쁜 일이 있을 때는 미리 시간을 정해 두고 놀기

거절하기

## 26. 지기만 하는 놀이를 그만하고 싶을 때

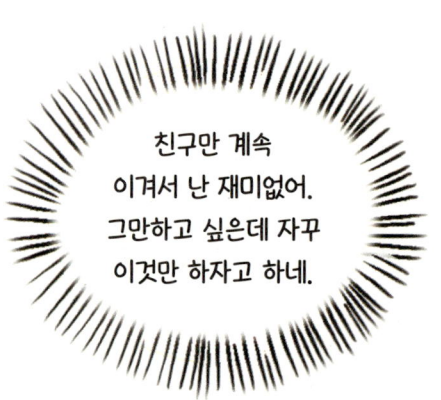

### 그만하고 싶다고 말해도 돼

친구가 주도하는 대로 끌려다니지 말자.
놀이는 승패를 떠나 함께 재미있어야 해.
지기만 하는 놀이를 계속할 필요는 없어.
둘 다 즐거운 놀이로 바꿔서 놀자.

 나만 잘하는 놀이를 하자고 우기지도 말기

## 27. 이성 친구와 헤어지고 싶을 때

예전에는 같이 있으면 재미있었는데 요즘에는 자꾸 싸우기만 해.

그만 만나고 싶은데 뭐라고 하지?

## 좋아하지 않는데 계속 만나는 건 예의가 아니야

사람의 마음은 늘 움직여.
어느 날은 기뻤다가 어느 날은 슬프지.
친구에 대한 감정도 마찬가지야.
좋을 때가 있으면 싫을 때도 있어.
만나는 게 즐겁지 않고 부담스러워지면 이성 친구로는 그만 만나는 게 맞아.
친구도 네가 억지로 만나는 걸 원하지 않을 거야.

이제 그만 만나고 싶어.
속상하다면 미안해.

상대가 거절해도 내가 헤어지고 싶으면 헤어지기

약속하기

## 28. 친구가 약속 시각에 자꾸 늦을 때

## 지킬 수 없는 약속은 안 하는 게 맞아

약속이 잘 지켜지지 않으면 누구나 불편해.
왜 늦는지 이유를 먼저 물어보고,
약속 시간을 조금 늦추자고 제안하는 것도 좋을 것 같아.
친해지려고 약속을 잡은 건데 오히려 더 멀어질 수 있으니
지킬 수 있는 약속만 하자.

 딱히 이유 없이 계속 늦으면 따로 등교하기

약속하기

## 29. 생일 초대가 망설여질 때

## 초대하고 나서 결과에 연연해하지 마

초대하는 건 네 마음이고, 거절하는 건 친구의 마음이지.
네가 거절할 수 있는 것처럼 상대도 거절할 수 있어.
기대하는 대답을 듣지 못해도 그 결정은 존중해야 해.
네 마음을 솔직히 표현하는 건 부끄러운 일이 아니야.
거절당하는 것도 절대 부끄러운 일이 아니란다.

 못 온다고 해도 잠시만 서운해하기

약속하기

## 30. 친구가 상의도 없이 다른 친구를 데리고 왔을 때

## 친구는 별생각 없이 다른 친구를 데리고 왔을 거야

같이 놀자는 걸 거절하지 못했을 수도 있고,
여럿이 노는 게 더 재미있다고 생각할 수도 있지.
친구의 선택도 어느 정도 존중해 주는 게 좋아.
하지만 다음에는 미리 동의를 구해 달라고 부탁하자.
그러면 마음의 준비를 하거나 거절할 수 있으니까.

특정 친구만 고집하지 말고 두루 잘 지내기

약속하기

## 31. 친구가 놀자고 하는데 다른 약속이 있을 때

### 거짓말은 안 하는 게 좋아

거짓말은 또 다른 거짓말을 낳아.
혹시라도 들켰을 때는 무척 난처해지지.
친구도 거짓말을 바라지 않을 거야.
거절할 때는 대안을 제시하면 좋아.
다른 날짜로 약속을 잡아 보는 거지.
그러면 친구도 거절당한 느낌이 덜하거든.

 지금 안 되는 이유를 물어보면 솔직하게 말하기

## 32. 메시지를 읽고도 답이 없을 때

## 굳이 부정적으로 생각할 필요 없어

친구가 눈앞에 없으니 온갖 상상의 나래를 펼치는 거야.
너는 시간이 나서 메시지를 보냈지만, 친구는 뭘 하고 있는지 알 수 없잖아.
바쁠 수도 있고, 천천히 답을 보내고 싶을 수도 있지.
재촉하지 말고 여유를 가지고 기다리자.

 급한 연락이면 전화하기

# 33. 친구가 내 휴대폰을 보기에 나도 봤더니 화를 낼 때

친구가 자꾸 내 휴대폰을 가져가서 봐.
그런데 내가 자기 휴대폰을 보니까 화를 내네?

야, 내 휴대폰 왜 봐!

자기는 내 걸 태연히 봐 놓고서는.
난 그래서 서로 봐도 되는 줄 알았지.

## 아무리 친한 사이라도 선을 지켜야 해

휴대폰을 허락 없이 만지는 건 너도 하면 안 되는 행동이었어.
먼저 실수를 인정하고 사과하는 게 좋겠어.
그리고 친구에게도 앞으로 조심해 달라고 꼭 얘기하자.
어쩌면 자기 행동을 전혀 모르고 있을 수도 있거든.
그런데 자기는 되고 너는 안 된다고 하면 공평하지 않아.
일방적인 요구는 받아들이지 마.

 휴대폰에는 개인 정보가 많으니 꼭 허락받고 만지기

소셜 미디어

## 34. 내 사진을 허락받지 않고 소셜 미디어에 올릴 때

## 사진을 내려 달라고 요구하자

한번 인터넷에 올라간 사진은 지우기 어려워.
네 얼굴에 대한 권한은 오롯이 너에게 있어.
처음에 제대로 말하지 않으면 앞으로도 허락 없이 계속 올릴 수 있어.
누군가에게는 사소하지만 너에게는 중요한 문제일 수 있지.
원망이 쌓이면 관계도 멀어질 테니 용기를 내자.

 인터넷에 사진을 올릴 때는 신중하기

## 35. 내 사진을 몰래 찍고 장난칠 때

## 네 잘못은 하나도 없어

어떤 일은 너의 의지와 상관없이 그냥 막 일어나기도 해.
이건 대화로 해결하기도 어려운 문제야.
혼란스러운 상황이지만 냉정하게 대처해야 해.
사진이 더 퍼지지 않고 완전히 삭제될 수 있도록
빠르게 조치를 취해야겠어.

일단 저장해 놓고, 도움을 청하자!

확인한 정보를 증거로 저장하기
반드시 부모님이나 선생님께 도움을 요청하기

## 36. 일방적으로 기분 나쁜 메시지를 보낼 때

오늘 친구랑 싸웠는데, 친구가 계속 화내면서 메시지를 보내. 수십 개를….

뭐라고 해야 할지 모르겠어. 내 말을 들을 생각은 있는 걸까?

휴. 그만 싸우고 싶어.

## 우선은 휴대폰을 잠시 멀리 두자

화가 많이 났을 때는 대화하기가 어려워.
그래서 바로 반응하지 않는 게 좋아.
나중에 직접 만나서 얘기하는 게 좋겠어.
얼굴을 마주해야 오해가 적거든.
그런데 만나서도 오해가 풀리지 않고 상대가 계속 화만 내면
한동안 멀찍이 거리를 두는 게 좋겠어.

지나치게 비인격적인
말은 저장해 놓기

계속 화내면
부모님이나 선생님께
도움을 요청하기

## 갈등 해결

## 37. 교실 문으로 장난치며 못 들어가게 막을 때

교실에 들어가려는데 친구들이 뒷문에서 문을 가지고 장난을 치고 있어.

비켜 줘.

기다려. 우리 지금 재밌게 놀고 있잖아!

그래, 앞문으로 가든지~.

못 지나가게 한 게 한두 번이 아니야.

언제까지 앞문으로 피해 다녀야 해? 정말 불편해서 못 참겠어!

## 비켜 달라고 하자

언제까지 피해서 돌아갈 수는 없지.
남에게 피해를 주는 행동은 옳지 않아.
그러니까 당당하게 비켜 달라고 요구하자.
그런데 기분이 상한 나머지 억지로 문을 열려고는 하지 마.
실랑이를 벌이다가 문에 손이 끼어서 다칠 수도 있어.
어쨌든 몸싸움은 안 하는 게 좋아.

> 갈등 해결

## 38. 청소 시간에 쓰레기를 자꾸 내 자리로 보낼 때

## 굉장히 무례한 행동이니까 꼭 얘기해야 해

쓰레기 버리는 걸 봤다고 말하자.
안 그러면 모르는 줄 알고 계속 네 쪽으로 보낼 거야.
말해도 안 그랬다고 발뺌할 수도 있어.
쓰레기에는 이름이 없어서 주인을 찾기가 어려워.
그러니까 유심히 잘 보고 있다가 쓰레기를 휙 넘길 때
바로 말하는 게 제일 좋아.

민이야, 쓰레기 자꾸 내 쪽으로 보내지 말아 줘.

계속 보내면 선생님께 말씀 드리기

갈등 해결

## 39. 나보고 고자질쟁이라고 할 때

## 상대의 잔꾀에 휘둘리지 말고 도움을 요청하자

선생님께 말씀 드리는 게 못마땅해서 그러는 거야.
무조건 일러바치는 것과 도움을 요청하는 건 엄연히 다른 거야.
네 말을 무시하고 계속 피해를 주면 도움을 요청해야지.
노력해도 혼자서 문제를 해결할 수 없다면
도움을 요청하는 게 맞아.

 단, 쉽게 해결할 수 있는 일은 스스로 해결해 보기

## 40. 싸움에 휘말렸을 때

### 다른 사람 싸움에 절대 끼어들지 마

괜히 남의 싸움에 참견했다가 너한테 불똥이 튈 수도 있어.
친구들 사이에서 네가 심판관이 될 필요는 없어.
감정이 상한 친구들 앞에서는 더더욱 말을 조심해야 하고,
자칫 말실수를 했다가는 나중에 엉뚱하게
네가 공격의 대상이 될 수도 있거든.

애들아, 우선 진정해 봐.

잘잘못에 대한 대답은 피하기

## 41. 친구가 위험하게 행동해서 불안할 때

친구가 자꾸 연필로 장난을 쳐.

야, 이것 봐라.

선생님이 하지 말라고 했는데…. 다칠까 봐 무서워.

## 친구의 위험한 행동은 제어해 주는 게 좋겠어

위험한 행동은 보기만 해도 불안하잖아.
옆에 있다가 같이 위험해질 수도 있고.
위협적으로 느껴지면 자리를 옮기는 게 좋겠어.
너도 같이 위험해질 수 있으니까.

 너무 위험해 보이면 어른에게 도움 요청하기

갈등 해결

## 42. 잘난 척하며 무시할 때

## 잘난 척은 남들한테 인정받고 싶은 나약한 모습이야

진짜 잘난 사람은 가만히 있어도 빛이 나.
굳이 말하지 않아도 모두가 알아보지.
잘난 척은 좀 알아봐 달라는 응석이라 생각하고 슬쩍 넘어가 줘.
그래도 너를 무시하는 투로 기분 나쁘게 계속 말하면
매번 참으면서 들어 줄 필요는 없어.

> 비교하지 말아 줄래?
> 무시하는 느낌이 들어.

 잘난 척에 휘말려 쓸데없는 경쟁 하지 말기

갈등 해결

## 43. 비아냥거릴 때

## 생각 없는 말에 상처받지 말자

그냥 그 친구의 성격과 말투일 수 있어.
그래도 배려 없이 제멋대로 말하는 건 무례한 거야.
비아냥거리는 말을 참을 필요는 없지.
말투가 불편하다고 단호하게 말하자.
그래야 앞으로 조심할 거야.

숨은 의도가 궁금할 때는 의미를 물어보기

갈등 해결

## 44. 나를 질투할 때

## 여유를 가지자

질투는 칭찬으로 알아들으면 돼.
그 친구는 네가 너무 부러울 수 있거든.
그럴 땐 겸손하게 행동하는 게 현명해.
다만, 진정한 친구라면 좋은 일에 함께 기뻐하기 마련인데
친구가 그 마음을 표현하지 않아서 조금 아쉽긴 하네.

칭찬 고마워.
운이 좋았어.

대화가 불편할 때는 다른 얘기로 바꾸기

# 45. 착한 척한다고 할 때

## 빈정거리는 걸 듣고도 가만히 있으면 안 돼

호의를 나쁘게 해석해서 말한 거야.
하지만 넌 전혀 그런 의도가 아니었잖아.
틀린 부분을 정확하게 짚어 주며 할 말은 해야지.
불편한 마음을 분명하게 전달해.

 주변 시선에 위축되지 말고 내 생각대로 친절 베풀기

## 갈등 해결

# 46. 친구의 말투가 불편할 때

## 상대방의 행동을 네가 바꿀 수는 없어

다만 네 입장에서 어떤 부분이 불편한지 말할 수는 있지.
친구가 네 말을 존중하면 앞으로도 잘 지낼 수 있는 거고,
바뀌지 않으면 계속 가깝게 지내기 어려울 거야.
그런데 너만 불편해하고 다른 친구들은 그냥 넘어가는 문제라면
어느 정도 불편함을 감수하는 것도 필요해.

 사소한 차이는 인정하기

갈등 해결

## 47. 내 그림을 따라 그릴 때

## 일단 작품이 멋있어서 그런 거니 자부심을 가져

좋은 작품을 따라 하지 나쁜 걸 참고하지는 않아.
그래도 너무 심하게 베꼈다면 당연히 언짢지.
특히 상이 걸린 대회라면 더더욱 곤란하고.
피해를 받았다고 생각하면
단호하게 생각을 전달하는 게 좋겠어.

 말이 안 통하면 선생님께 도움 요청하기

갈등 해결

## 48. 틀린 걸 맞다고 우기며 참견할 때

## 심각하게 받아들이지 말자

사소한 일이라면 유연하게 넘기는 게 좋아.
때로는 다투기보다 적당히 넘어가는 게 현명해.
물론 옳고 그름이 중요한 문제라면
분명한 근거를 들어서 얘기해야지.
하지만 그런 게 아니라면 여유롭게 넘기자.

 계속 우기면 같이 선생님한테 가서 물어보기

## 49. 내 행동을 나쁘게 보고 잔소리할 때

## 가끔 네가 뭘 하든 나쁘게 보는 사람이 있어

부정적으로 바라보기 시작하면
사소한 것도 오해하게 되거든.
이유를 제대로 말하지도 않으면서 자꾸 불만을 표현하면 선을 긋자.
상대가 있는 그대로의 네 모습을 못마땅해한다면
서로 안 맞는 거니까 멀어지는 게 좋겠어.

참견하지 말아 줄래?
난 내가 하고 싶은 대로 할 거야.

서로 다른 모습 존중하기

갈등 해결

## 50. 새로 짝이 됐는데 싫은 티를 너무 낼 때

## 솔직함이 때로는 실례가 될 수 있어

상대의 감정을 배려하지 않고
지나치게 자기 감정에만 솔직한 건 무례한 거야.
친구의 배려 없는 태도에 흔들리지 말고 더욱 침착하자.
친구가 은근슬쩍 불만을 드러내고 있는데
오히려 넌 당당하게 하고 싶은 말을 하자.

지금 나 들으라고 하는 말이야? 네 기분이 안 좋더라도 내가 듣는 데서는 조심해 줘. 나도 기분이 안 좋거든.

 계속 투덜대면 선생님께 말씀 드리기

갈등 해결

## 51. 유독 나한테만 불친절할 때

## 그냥 기분이 나쁜 상태일 수도 있어

그럴 때는 한발 물러서는 게 좋아. 덩달아 기분이 상하거든.
그런데 아무리 봐도 너한테만 쌀쌀맞다면 굳이 노력할 필요는 없어.
모든 사람과 다 원만하게 잘 지낼 수는 없는 거야.
노력한다고 해서 상대방이 네가 원하는 대로 행동하지 않아.
부탁한다고 쉽게 바뀌지도 않고. 그러니까 서운해하지 말고 잊어버리자.

갈등 해결

## 52. 말도 없이 기분 나쁘게 쳐다볼 때

## 무작정 솔직해질 필요는 없어

친구가 아무 말도 안 하는데
굳이 네가 먼저 나서서 불편함을 해소할 필요는 없어.
그 문제에 깊이 빠져서 고민하지 말자.
최대한 신경 쓰지 말고 잊어버려. 둔감해지는 게 좋겠어.
불편한 상황에 집중하지 말고 그저 네 생활에 집중하자.

할 말 있음 하겠지.
신경 쓰지 말고
내 할 일이나 하자.

 굳이 이유를 알려고 노력하지 말기

학교 폭력

## 53. 부모님을 나쁘게 얘기할 때

### 하지 말라고 단호하게 얘기해야 해

절대로 은근슬쩍 물러서면 안 되는 상황이야.
너와 부모님을 엄청 무시하고 있는 거니까.
부모님에 대해 함부로 말하면 누구나 참을 수 없어.
혹여 네가 부모님께 불만이 있더라도
남이 비난하는 건 참으면 안 되지. 가족이잖아.

계속 놀리면
부모님이나
선생님께
도움 요청하기

그만해. 함부로 말하지 마.

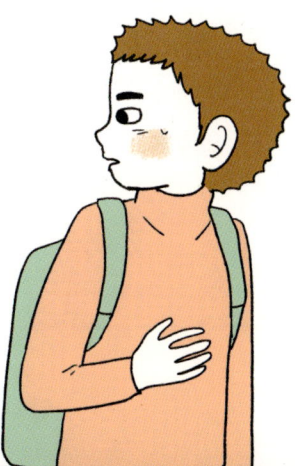

학교 폭력

## 54. 여러 명이 나를 둘러싸고 화를 낼 때

## 우선 그 상황에서 무조건 빠져나와

서로 오해할 수 있고 의견이 달라 싸울 수도 있어.
하지만 여러 명이 한 명을 공격하는 건 옳지 않아.
네가 어떤 해명을 하더라도 그 애들은 들을 생각이 없을 거야.
굉장히 위험한 상황이니까 휘말리지 말고,
최대한 빨리 그 자리에서 빠져나오는 게 현명해.

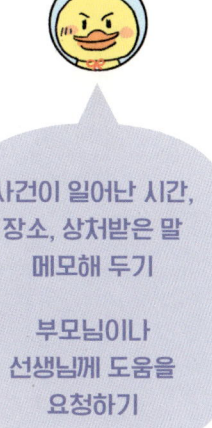

사건이 일어난 시간,
장소, 상처받은 말
메모해 두기

부모님이나
선생님께 도움을
요청하기

## 55. 내가 하지도 않은 일을 했다고 모함할 때

### 네 입장을 전하되 길게 해명할 필요 없어

괜히 말이 길어지면 변명같이 보일 수 있어.
말꼬리를 잡혀 더 곤란해질 수도 있고.
그러니 짧게 할 말만 하는 게 좋아.
당황하거나 화내지 말고 냉정하게 대처하자.
있는 그대로 솔직하게 표현하는 거야.

아니야, 난 그렇게 말한 적 없어!

 내 말을 믿지 않고 실랑이가 이어지면 부모님이나 선생님께 도움 요청하기

학교 폭력

## 56. 자꾸 심부름을 시킬 때

## 부당한 요구는 거절해야지

최대한 빨리 그만두는 게 좋아.
호의가 계속되면 권리인 줄 알거든.
친구는 그만 돌봐 주고 너 자신을 먼저 돌보자.
어느 순간 너를 구렁텅이에서 구해 주는 기적 같은 건 없어.
너를 구할 수 있는 건 오직 너뿐이야.

싫어. 네 일은 네가 직접 해.

계속 심부름을 시키면 부모님이나 선생님께 도움 요청하기

## 57. 괴롭히고 나서 말하지 말라고 협박할 때

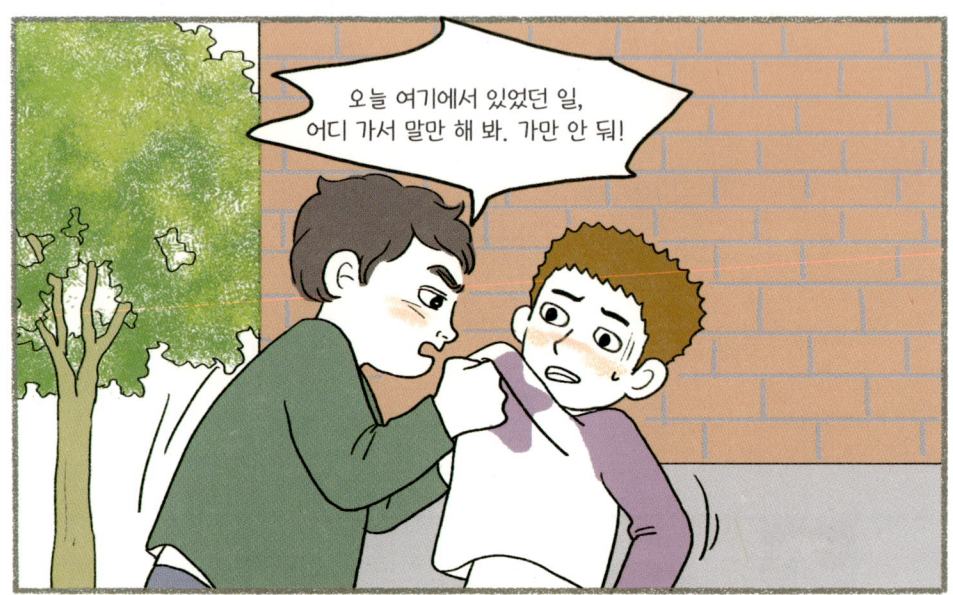

## 반드시 도움을 요청해야 해

절대 혼자 끙끙거리면 안 돼.
더 심각해지기 전에 최대한 빨리 신고하자.
가만히 있으면 더 너를 얕잡아 보고 괴롭힐 게 분명해.
보복으로 또 괴롭히면 곧바로 다시 신고하면 돼.
보복성 괴롭힘에 대한 처벌 강도는 더 세거든.
상대는 너를 괴롭힐수록 잃는 게 더 많아질 거야.

주변 어른에게 부탁하거나 117에 신고하기
괴롭혔던 날짜와 시간을 자세하게 기록해 두기
반드시 부모님이나 선생님께 도움을 요청하기

**1. 친구들이 뭐라 하면 아무 대꾸도 못 하는 내가 싫어요.**

 어떤 상황에서도 내가 싫으면 안 돼요. 좀 못마땅한 모습이 있더라도 있는 그대로의 나를 받아들이는 게 좋아요. 단점은 다양한 내 모습 중 그저 하나일 뿐이거든요.

불편하면 바꾸면 되지요. 내가 내 몸의 주인이니까요. 단번에 바뀌지 않는다고 실망하지 말아요. 천천히 조금씩 달라질 거예요. 대신 과정을 참지 못해 중간에 그만두면 안 돼요. 그러면 변할 수 없고, 변하지 못하는 나를 계속 탓하게 될 거예요.

가끔 일부러 나를 괴롭히는 사람이 있어요. 그런 사람과는 굳이 가까이 지내지 말아요.

## 2. 아무도 강요하지 않는데 친구들이 원하는 대로 끌려다녀요.

주변에 휘둘리기 싫으면 나만의 기준을 명확히 세워야 해요. 중요한 것과 중요하지 않은 것, 좋아하는 것과 싫어하는 것, 중요한 사람과 그렇지 않은 사람을 구분하는 거지요. 최소한 그 정도는 알아야 분명하게 행동할 수 있어요.

내 태도가 모호하면 친구도 헷갈려요. 내가 진짜 원하는 게 뭔지 친구가 알 길이 없잖아요. 그래서 내가 원하는 걸 알려 줘야 친구도 나랑 있는 게 더 편해요.

거짓된 행동으로 다른 사람을 속일 수는 있어도 나 자신을 속일 수는 없어요. 다른 사람의 생각에 끌려다니면 쉽게 불안해지니까 내 마음을 솔직하게 드러내면서 자신을 잘 보살피세요.

**3. 사과를 받았고 모든 일이 끝났는데도 원망하는 마음이 들어요.**

 친구가 진심으로 사과를 했는데도 마음이 계속 불편할 수 있어요. 자연스러운 감정이에요. 하지만 그건 내 마음의 일이니 내가 해결해야 해요. 이미 그 상황은 지나갔는데 계속 거기에 멈춰 있는 거거든요. 사람을 미워하는 건 큰 에너지가 드는 일이에요. 나를 지치게 만드는 거니까 그만두는 게 좋아요.

다른 생각을 하려고 노력하세요. 생각을 가위로 싹둑, 잘라 버리는 거예요. 불쾌한 생각을 끊는 가장 좋은 방법은 다른 행동을 하는 거예요. 산책하거나, 운동하거나, 음악을 듣거나, 책을 읽어 보세요.

조급하게 생각하지 말아요. 마음이 풀어지는 데는 시간이 꽤 필요하니까요. 다른 일을 하며 시간을 보내다 보면 속상했던 마음도 점차 나아질 거예요.

**4. 나는 나쁜 뜻이 전혀 없었는데 친구가 화를 내면 어떻게 해야 할지 모르겠어요.**

 나쁜 뜻이 없었더라도 결과적으로 친구에게 피해를 줬으면 사과하는 게 맞아요. 왜 기분이 나빴는지 먼저 이유를 물어보고, 나쁜 뜻이 없었다고 말해야지요.

내 진심과 상관없이 사사건건 오해가 생기는 관계라면 서로 참 피곤해요. 둘 중 특별히 누가 나쁘다기보다는 그냥 둘이 안 맞는 거예요. 그래서 자꾸 곤란한 상황이 생기는 거죠.

혹시 별것도 아닌 일로 오해를 하거나 자주 싸움을 거는 친구가 있다면 거리를 두는 게 좋겠어요. 점점 더 힘들어질 테니까요. 신경이 곤두서고 자꾸 갈등이 생기는 관계를 좋게 유지하려고 너무 애쓰지 말아요. 좀 더 편안하고 의미 있는 관계에 집중하는 게 좋아요.

**5. 우리는 분명히 친한 사이인데 왜 자꾸 싸우는 거죠?**

 친한 친구랑 싸우는 건 지극히 정상이에요. 친해질수록 같이하고 싶은 게 많아지고 서로 비슷하길 원해요. 많은 걸 해 주고 싶고 많은 걸 기대하지요. 그러다 보면 선을 넘기도 하고 실망도 커져요.

차이를 어떻게 풀어 나가느냐에 따라 더 친해지기도 하고 멀어지기도 해요. 달라도 좋으면 계속 친하게 지내는 거고, 의견 차이가 힘들면 점점 멀어지게 되겠죠.

그럼 싸웠을 때 어떻게 하면 좋을까요? 작은 일이라도 미안한 마음이 든다면 사과를 하는 게 맞아요. 사과를 주고받은 부분에 대해서 앞으로 더 조심하게 되거든요. 차이를 인정하고 서로 적응해 나가는 과정이 필요해요. 친하다고 슬쩍 넘어가 버리면 불편한 마음이 조금씩 쌓여 결국 멀어지게 될 거예요.

### 6. 내가 좋아하는 친구가 나를 안 좋아해요. 친해지는 방법이 있을까요?

친해지고 싶다면 어느 정도는 그 친구한테 맞춰 줄 필요가 있어요. 친구가 좋아하는 것에 대해 이야기하고, 좋아하는 일을 함께하며 시간을 보내는 거예요.

그런데 노력해도 안 되면 짝사랑을 멈추는 게 좋아요. 나를 거절하는 사람을 위해 굳이 나를 한껏 낮출 필요는 없거든요. 아무리 좋아도 한쪽만의 노력으로는 친해질 수 없어요. 세상은 넓고 사람은 많아요. 나를 좋아해 줄 사람은 얼마든지 있지요. 더 많은 사람들을 만나다 보면 좋은 친구를 찾을 수 있을 거예요.

**7. 막상 말을 해야 할 상황에 당황해서 적절한 말이 생각나지 않아요. 나중에 "이렇게 말할걸!" 후회해요.**

 후회할 순 있지만 자신을 탓하지는 말아요. 누구나 새로운 상황을 맞닥뜨리면 당황하니까요. 이미 일어난 일은 어쩔 수 없지만 앞으로는 달라질 수 있어요. 다음에 똑같은 실수를 하지 않도록 미리 준비하면 돼요.

나의 실수 패턴을 잘 관찰해 보고, 당황하거나 말이 막히는 상황을 떠올리며 어떤 말을 할지 미리 준비해 두면 좋아요. 혼자서 거울을 보며 연습하거나, 가족이나 친한 친구와 같이 연습해도 좋고요.

단번에 좋아지지는 않지만 계속 하다 보면 점점 늘어요. 확실히 덜 당황하게 된달까요. 그러니 그저 습관대로 행동하지 말아요. 노력하면 변할 수 있어요.

## 8. 나는 목소리도 작고 말투도 여린 편이라서 제대로 말하기가 어려워요.

어려워도 내 생각을 말하려고 꾸준히 노력해야 해요. 나약한 말이라도 아무 말도 하지 않는 것보다는 나으니까요. 최소한 나를 지키려는 시도는 한 셈이잖아요. 그러니 목소리가 작더라도 꼭 말하세요.

말을 하고 나서 혹여 결과가 나쁘더라도 내 마음에 충실했다는 자부심(스스로의 가치나 능력을 믿고 당당히 여기는 마음)은 차곡차곡 쌓여요. 그것이 점점 굳건해져 말에 힘이 생기는 거예요. 마음이 단단해질수록 말도 단단해져요.

나보다 강해 보이는 친구 앞에서도 '아니'라고 말하는 용기가 필요해요. 말하기 전에는 친구가 내 마음을 모르거든요. 당장 친구가 변하지는 않더라도 그 말이 어느 정도는 영향을 끼쳐요. 분명 한 번 더 생각해 볼 거예요.

## 9. 사과를 했는데 친구가 안 받아 주면 괜히 했다 싶어요.

용기 내서 사과했는데 받아 주지 않으면 머쓱할 수 있어요. 하지만 괜히 한 사과는 없어요. 미안한 마음은 늘 전달하는 게 맞아요.

정말로 미안해하고 있는지는 듣는 사람도 충분히 느껴요. 진심으로 미안해하면 상대도 기분을 풀려고 노력할 거예요. 하지만 대충 사과하면 오히려 기분이 더 상할 수 있어요. 그래서 사과는 신중하게 생각해서 진심으로 해야 하는 거예요.

내가 사과하는 즉시 친구가 마음을 풀어야 한다고 생각하지는 말아요. 그건 사과가 아니라 '강요'니까요. 사과하고 나서는 친구의 화가 풀릴 때까지 기다려 주는 시간도 필요해요.

## 10. 나는 예의 있게 말하는데 친구가 무례하게 말하면 손해 보는 것 같아요.

 내가 배려 깊게 행동해도 친구는 무례할 수 있어요. 그건 그 친구의 문제예요. 아쉽게도 다른 사람을 내가 원하는 대로 바꾸긴 어려워요. 하지만 나 자신만큼은 내가 원하는 대로 바꿀 수 있어요.

상대에게 휘말리지 마세요. 무례한 사람에게 똑같이 무례하게 굴면 나도 예의 없는 사람이 돼요. 형편없는 구렁텅이에 같이 빠져 버리는 거예요.

당장은 무례한 사람이 이기는 것처럼 보일지 모르지만 결국 사람은 자기 태도에 걸맞은 대우를 받기 마련이에요. 내가 무례한 행동으로 나를 망치지 않았으면 결코 손해 본 게 아니랍니다.

## 11. 기분이 나쁘면 나도 모르게 짜증이 툭툭 나와 버려요.

우리는 보통 가까운 사람한테 짜증을 내요. 가족이나 친구, 혹은 만만한 상대에게 함부로 하는 경향이 있지요.

그런데 세상에 내 짜증을 좋아해 줄 사람은 없어요. 그래서 소중한 사람들과 잘 지내고 싶다면 짜증 내는 습관은 꼭 고쳐야 해요.

좋은 방법 하나 알려 줄게요. 짜증이 나면 일단 그 자리를 빠져나와 숨을 깊게 들이쉬면서 숫자를 세요. 하나, 둘, 셋. 생각보다 짜증이 빠르게 가라앉는 걸 느낄 수 있을 거예요. 짜증이 나지 않을 수는 없어요. 다만 겉으로 드러내지 않고 빨리 가라앉히려는 연습은 필요해요. 조금씩 줄여 나가는 것만도 대단한 거니까 의지를 다지고 꼭 고쳐 봐요.

**12. 친구가 아무리 정중하게 거절해도, 거절당하면 기분 나빠요.**

 내가 거절할 수 있듯 친구도 거절할 수 있어요. 그렇다고 나를 싫어하거나 무시하는 건 아니죠. 그냥 생각이 다른 거예요.

당장 곁에 있는 친구의 생각도 받아들이지 못하면, 앞으로 더 넓은 세상에 나가 많은 사람들과 원만하게 지내는 게 힘들 거예요.

거절을 존중할 수 있어야 해요. 친구의 처지를 이해할 수도 있어야 하고요. 물론 거절당하면 아쉬울 수는 있어요. 하지만 거절을 통해 기대하는 마음을 내려놓는 연습을 하세요. '내 부탁을 거절했으니까 너는 나빠.' 하는 것은 지극히 자기중심적인 생각이므로 그러지 않도록 애써야 해요.

## 13. 사소한 장난도 학교 폭력이 될 수 있나요?

'이 정도면 사소하지'라는 건 나만의 생각일 수 있어요. 각자 힘들다고 느끼는 정도가 다르거든요. 그래서 내 생각에는 사소한 장난이라도 상대가 심각하게 받아들이면 폭력이 될 수 있어요.

장난은 서로 기분이 좋은 상태에서 주고받는 거예요. 한 사람이라도 기분이 나빠지면 그건 장난이 아니지요. 그래서 장난을 치더라도 상대의 기분을 잘 살필 수 있어야 해요.

때려서 아프게 하는 것만 폭력이 아니에요. 친구가 싫어하는 장난을 치거나, 심한 말로 마음을 괴롭혀도 폭력이에요. 그러니 늘 신중하게 말하고 행동해야 해요.

**14. 무례한 친구가 말 한마디로 정말 바뀌어요?**

 바뀔 수도 있고 아닐 수도 있지요. 하지만 결과와 상관없이 나를 지키는 말은 꼭 해야 해요. 침묵한다면 상대가 내 마음을 알 수도 없을 뿐더러 나 스스로 마음에 큰 상처를 입게 돼요.

누군가가 나를 하찮게 대하면 무시하지 말라고 의사 표현을 해야 해요. 계속 잠자코 있으면 친구는 내가 괜찮은 줄 알고 더 함부로 대할 수 있으니까요.

가만히 기다린다고 문제가 저절로 해결되는 경우는 거의 없어요. 그러니까 정확하게 말하기 어렵더라도 불쾌한 마음 정도는 꼭 전달하세요. 무례한 행동을 계속 참았다가는 원망이 쌓여 마음이 점점 더 힘들어질 거니까요.

**15. 책에 나온 표현이 어색해서 오히려 놀림을 받을 것 같아요. 실제로 사용 가능해요?**

 책에 나오는 말을 그대로 따라 말하면 당연히 어색해요. 평소 나의 말투에 맞게 바꿔야지요.

그런데 내 생각을 정확하게 표현하려면 어느 정도 말이 길어질 수밖에 없어요. 책에 나온 말이 길고 어색할 수 있지만 '싫어', '아니'라는 단순한 말로는 친구를 설득할 수 없잖아요.

아쉽게도 정답은 없어요. 상황마다, 순간마다 분위기가 미묘하게 다르니까요. 그래서 책을 참고하여 적절한 말, 나한테 어울리는 말을 스스로 찾아야 해요.

처음에는 좀 어색할 거예요. 그래도 습관에서 벗어나 유용한 말하기 기술을 꼭 익히길 바라요.

### 16. 책에 나온 말이 너무 다양해서 기억하기 어려워요.

여러 가지 상황에 대비하여 말을 익히는 게 어려우면 일단 이 말부터 준비해 볼까요? 어떤 상황에도 은근 통하는 말이에요.

**"나는 그 행동이 좀 불편해. 하지 말아 주면 좋겠어."**

이 말만큼이라도 술술 튀어나오도록 연습해 봐요. 눈을 피하지 말고 몸을 움츠리지도 말고 최대한 당당하게 말하면 좋아요. 우물쭈물한 태도를 보이면 아무리 슬기로운 말이라도 말에 힘이 들어가지 않아 효과를 보지 못하니까요. 꼭 당당한 목소리로 크게 말해야 합니다. 화이팅!

**예의 없는 친구들을
대하는 슬기로운
말하기 사전 2**

2023년 11월 3일 1판 1쇄
2025년 2월 10일 1판 4쇄

| | |
|---|---|
| 글쓴이 | 김원아 |
| 그린이 | 김소희 |
| | |
| 편집 | 최일주, 이혜정 |
| 디자인 | 민트플라츠 송지연 |
| 제작 | 박흥기 |
| 마케팅 | 양현범, 이장열, 김지원 |
| 홍보 | 조민희 |
| 인쇄 | 코리아피앤피 |
| 제책 | J&D바인텍 |
| | |
| 펴낸이 | 강맑실 |
| 펴낸곳 | (주)사계절출판사 |
| 등록 | 제406-2003-034호 |
| 주소 | (우)10881 경기도 파주시 회동길 252 |
| 전화 | 031)955-8588, 8558 |
| 전송 | 마케팅부 031)955-8595 편집부 031)955-8596 |
| | |
| 홈페이지 | www.sakyejul.net |
| 전자우편 | skj@sakyejul.com |
| 페이스북 | facebook.com/sakyejulkid |
| 인스타그램 | instagram.com/sakyejulkid |
| 블로그 | blog.naver.com/skjmail |

ⓒ 김원아, 김소희 2023

값은 뒤표지에 적혀 있습니다. 잘못 만든 책은 구입하신 서점에서 바꾸어 드립니다.
사계절출판사는 성장의 의미를 생각합니다. 사계절출판사는 독자 여러분의 의견에
늘 귀 기울이고 있습니다.

이 책은 저작권법에 따라 보호받는 저작물이므로 무단 전재와 복제를 금합니다.

ISBN 979-11-6981-160-6 73180